TEXTES DU XXe SIÈCLE
Collection
dirigée par Maurice Olender

Pascal Quignard

La leçon de musique

HACHETTE

Un épisode tiré de la vie de Marin Marais

Le visage que j'ai sous les yeux est jaune, vaste, lointain, gras et comme fondu dans l'espace qui l'entoure. Avec fierté Marin Marais retient de la main gauche la touche de la viole qu'il offre devant lui. Je traite de la mue humaine. Un changement a lieu dans le timbre de la voix qu'articulent les très jeunes hommes. Alors leur sexe s'accroît et tombe. Le poil leur pousse. C'est cet assombrissement de leur voix qui les définit, et qui les fait passer de l'état de garçons à celui d'hommes. Les hommes, ils sont les assombris. Ce sont les êtres à la voix sombre. Ceux qui errent jusqu'à la mort à la recherche d'une petite voix aiguë d'enfant qui a quitté leur gorge. J'ai eu dans l'esprit le souvenir d'un morceau de la vie d'un musicien de la fin du XVIIe siècle dans l'âge même où il se séparait de l'enfance.

*

On voit à la lisière des bois, sur les bords des mares, des petites grenouilles rainettes, la bouche ouverte, et qui coassent comme les hommes parlent. Les mammifères mâles humains font l'objet d'une mutation sexuée sonore. Les grenouilles se hèlent alors l'une l'autre dans le plaisir, à l'aide de coassements. Puis s'étreignent avec leurs bras. L'appel génital est sonore. La voix qui est sexuée est une voix soudain plus basse.

*

Au sein de la voix humaine masculine il y a une cloison qui sépare de l'enfance. Une basse de voix qui sépare les hommes à jamais du soprano des êtres qu'ils étaient avant que les submerge la grande marée du langage. Quelque chose de bas qui les sépare à jamais du simple pouvoir de répéter les premiers mots de l'enfance. Quelque chose de bas et de sombre qui les sépare des femmes. Quelque chose de tout à coup plus bas dans leur langue, dans leurs oreilles, dans leur gorge, dans leur palais, sous leurs dents, qui les sépare de l'empreinte indestructible de tout ce qui les affecta lors de la première lumière.

*

Sur le bord herbeux et envasé des mares, ce n'est pas le coassement éperdu de la grenouille mâle qui est capable d'attirer la femelle. La gravité soudain d'un chant ensorcelle son ouïe, la racole, la captive — et ce coassement n'attire vers le corps qui coasse que parce qu'il indique la mue d'une autre partie de ce corps qui coasse. Cette autre partie aussi s'alourdit, s'assombrit et elle enfle et se fait plus basse. Ce n'est pas la vision des génitoires qui attire les femelles, mais l'audition d'une petite modification dans le son d'un chant. C'est ce son qu'elles désirent. Et, plus encore, le secret de ce son. Ce qui définit la mue vocale est toujours double, toujours redouble, toujours hante le corps d'une symétrie obscure et que la pudeur s'essaie à oublier. C'est moins une symétrie que quelque chose de déjà conjugal entre le larynx et le sexe. Chez les garçons à la puberté ont lieu simultanément un double abaissement et un double développement du larynx et du sexe. Le larynx a quelque chose de l'instrument à anche. La pression expiratoire a quelque chose du chant. Ce qu'on appelle le sphincter glottique, dans l'aigu de l'enfance, a quelque chose des lèvres fermées quand on chante nasalement, ou encore des lèvres d'un sexe féminin enfantin ou extraordinairement pudibond.

*

Le coït de la grenouille dure de trois semaines (éjaculation précoce) à quatre semaines. Sandor Ferenczi disait qu'elle prolongeait de cette manière le rêve d'une régression pour ainsi dire ininterrompue en direction du cloaque maternel. Il ajoutait qu'il fallait mettre les grenouilles loin au-dessus de nous dans l'échelle des êtres et révérer, à l'instar de déesses, ces petits anthropoïdes verts dont le spasme avait la durée d'un mois et qui ébahissaient les hommes dans l'envie.

*

Je m'arrête à des embarras, à des images malencontreuses, à des courts-circuits plus qu'à des pensées formées et qu'assure un système prémédité qui les étaie. Que celui qui me lit ait constamment à l'esprit que la vérité ne m'éclaire pas et que l'appétit de dire ou celui de penser ne lui sont peut-être jamais tout à fait soumis. Je fais cet aveu qui coûte un peu à dire. Pourtant il n'est jamais singulier. La vérité de ce que nous disons est peu de chose en regard de la persuasion que nous recherchons en parlant et cette persuasion elle-même, qui est peu, est moins encore si nous la rapportons à la répétition pleine d'un vieux plaisir qui se cherche au travers d'elle. Ce plaisir est plus ancien que la mue. Il est plus ancien que les mots mêmes que la mue affecte, ou dont elle métamorphose l'apparence. Et les mots, comme ils n'en portent pas la mémoire, ils ne le capturent jamais. Ils ne le consentent jamais.

PREMIÈRE PARTIE

Il fut Ordinaire de la musique de la chambre du roi. L'enfant s'appelait Marin Marais. Il naquit le 31 mai 1656. Son père était cordonnier. L'enfant chantait. Il appartint à la chantrerie de Saint-Germain-l'Auxerrois, où il eut pour compagnon Delalande, qui était plus jeune que lui d'un an. C'est ce que, dans ces années-là, on appelait un enfant de chœur. En 1672 Marin Marais fut jeté de la maîtrise de Saint-Germain-l'Auxerrois pour cause de mue. Il devint l'élève de Sainte-Colombe, unique virtuose alors de la viole de gambe. Il ambitionnait d'imiter les « plus beaux agréments de la voix humaine ». C'est du moins ce que, en 1740, Le Blanc affirme de Sainte-Colombe : il aurait apporté à lui seul de tels perfectionnements à la technique de la basse de viole qu'ils lui avaient permis d'imiter les plus belles altérations de la voix que parlent les hommes plus ou moins âgés.

*

On peut présenter les faits d'une autre manière : Marin Marais, au lendemain de la mue, comme il cessait brutalement d'espérer pouvoir atteindre la maîtrise de la voix humaine, rejeté de la maîtrise de Saint-Germain-l'Auxerrois pour ce motif, aurait cherché à atteindre la maîtrise de l'imitation de la voix humaine après qu'elle a mué. C'est-à-dire la maîtrise de la voix basse. De la voix masculine, de la voix sexuée, de la voix exilée de sa première terre. Durant des heures des années durant, jusqu'à la crise de silence qui marqua la fin de sa vie, il travailla la basse de voix imitée par la basse de viole. Le torse penché sur l'instrument, la main errant au-dessus des frettes, cet homme s'efforce de domestiquer la maladie sonore, de panser l'affection de la voix humaine masculine. D'opposer la plus grande virtuosité possible à la marée qui l'entraîne et engloutit la plage sonore de l'enfance — la grève sonore, non linguistique de l'enfance. Domestiquer la mue — qui sépare de l'enfance — et domestiquer ce faisant les effets de la mue et, partant, domestiquer le retrait définitif, marqué, oral, guttural, incessant de l'enfance dans la voix abaissée.

*

Évrard Titon du Tillet écrit : « Il perdit sa voix à l'âge de la puberté, comme il arrive souvent. » Il quitte Saint-Germain-l'Auxerrois. Il longe la berge de la Seine. Une magnifique lumière de fin d'été. Il rentre à la cordonnerie. Un plus profond, plus grave coup de marteau le hèle. C'est le premier maître. Un marteau de charron fut le maître de Joseph Haydn. Le second maître, pour la viole, fut Sainte-Colombe. Le troisième maître, pour la composition, fut Lully. Imiter jusque dans l'altération qui les gouverne les plus belles altérations où l'émotion jette la voix humaine, rendre abordable, domptable, familière la mue qui sépare de la voix affectée et peu à peu construite, affectante, de la voix affective, de *l'affetto* de l'enfance — et qui sépare de l'expression, de l'accomplissement de ce qui fut souffert dans cette voix —, apprivoiser l'affection de la voix humaine, de la voix paternelle martelante du cordonnier. Les deux instruments dont Marais devint peu à peu le maître furent extraordinairement masculins : une basse et un bâton. Le surintendant Jean-Baptiste Lully était pour lui une façon de père. Le tombeau sonore que Marais composa à la mort de ce père est plus que tout bouleversant — plus que le *Tombeau de Sainte-Colombe* même — du fait d'une abrupte descente chromatique : vers quelle petite taille vertigineuse au fond de soi ? Marin Marais battait la mesure avec un bâton sur le plancher lors de l'exécution des opéras de Lully.

*

Il quitte Saint-Germain-l'Auxerrois. C'est l'église où est enterré Malherbe, l'église du chant du sang. L'église dont les trois cloches — Marie, Germain, Vincent — ont donné le signal du massacre dans la nuit du 23 août 1572 comme elles appelaient à chanter les laudes de la fête de l'apôtre saint Barthélemy.

*

Il quitte Saint-Germain-l'Auxerrois, suit la rue de l'Arbre-Sec, longe le For-l'Évêque descend sur la rive. C'est la lumière de septembre. C'est la lumière elle-même muée, elle-même lourde et mûre de l'été finissant. Non pas la clarté sèche et précise et vive et aiguë du printemps. Une clarté pleine d'ors, avec une manière d'épaisseur ou de brume, elle-même rougie, ou assombrie.

*

Il descend sur la rive. Il voit les cochons, les oies, les enfants qui jouent dans l'herbe de la grève. Les pêcheurs, les porteurs d'eau, les hommes nus et les femmes en chemise qui se lavent, l'eau au mollet. Il voit l'île, le pont, l'eau qui s'écoule, sans âge, au-delà du temps, dans la lumière épaisse, comme une blessure immortelle et presque apaisée à force de beauté. C'est la blessure d'un dieu qui précède le temps humain, et qui lui succédera. Il voit le fleuve qu'il nomme alors encore une rivière couler vers le Havre de Grâce et se mêler aux eaux du petit bras de mer qui ronge les falaises, les prés des Normands inclinés vers la mer.

*

Il a perdu sa voix. Il a suivi la rue de l'Arbre-Sec. Il longe la berge de la Seine. Il est abandonné de l'enfance. L'été est fini. Il s'est précipité chez Sainte-Colombe. Durant trois siècles on ne sut rien de l'œuvre de Sainte-Colombe. Rien n'était conservé. Paul Hooreman a retrouvé en 1966 cinq concerts à deux violes, d'une beauté très difficile et douloureuse. Sainte-Colombe, Maugars, Caignet, la plupart des violistes d'alors mettaient plus haut que tout l'expression, les grands contrastes de hauteur et de timbre, la variété, l'emphase et le déchirement des couleurs, des *affetti.* Ils y parvenaient en travaillant l'extraordinaire tessiture sonore, en accroissant les multiples possibilités sonores qu'offraient tous les registres et les cordes des instruments d'alors (violes à cinq, puis à six, puis à sept, puis à huit cordes) et toutes les manières d'en jouer de l'archet ou du doigt, multipliant et miniaturisant les altérations, leur improvisation, les délimitant aussi bien dans la prononciation que dans le tempo. Il fallait sans cesse que plusieurs voix, simultanément, se fissent entendre, un dessus volubile, un dessous très calme ou heurté, sans cesse contrastant, pathétiques, sans cesse bouleversant, le jeu de mélodie et le jeu d'harmonie se disputant sans cesse les pièces de la suite. Jean Rousseau disait que le joueur de viole avait à charge d'imiter toute « chose charmante et agréable que la voix peut provoquer », avec la tendresse, avec la délicatesse, avec la tristesse, avec l'épouvante qu'il se proposait de faire ressentir. Il devait tenir ces affects, ces voix différentes toujours indépendantes en même temps et troubler celui qui leur prêtait l'oreille au point qu'il marquât de l'étonnement qu'une seule source sonore puisse parler tant de langues et disposer de tant d'émotions.

*

J'en viens à l'épisode qui fait le fond de ces petits bouts d'interrogations ou de scènes que je note — ou de ces énigmes en moi qui m'incitent à les poursuivre et à m'en fasciner. Je veux transcrire le texte ancien de façon scrupuleuse. Évrard Titon du Tillet avait été le maître d'hôtel de la duchesse de Bourgogne. Il avait été commissaire des guerres. Il nota mille anecdotes sur les musiciens, les peintres, les écrivains, les architectes qu'il avait connus ou dont il avait aimé les œuvres. En septembre 1672, Marais quittait la chantrerie de Saint-Germain-l'Auxerrois et travaillait avec Sainte-Colombe. A vingt ans, en 1676, il est engagé à la cour comme « musicqueur du Roy ». C'est donc durant l'été 1673, ou 1674, ou 1675, qu'il faut dater l'anecdote que l'ancien commissaire des guerres consigna dans les années 1720. Je suis l'édition du *Parnasse françois* parue en 1732. C'est la page 625 : « Sainte-

Colombe fut même le Maître de Marais; mais s'étant apperçu au bout de six mois que son Élève pouvoit le surpasser, il lui dit qu'il n'avoit plus rien à lui montrer. Marais qui aimoit passionnément la Viole, voulut cependant profiter encore du sçavoir de son Maître pour se perfectionner dans cet Instrument; et comme il avoit quelque accès dans sa maison, il prenoit le tems en été que Sainte-Colombe étoit dans son jardin enfermé dans un petit cabinet de planches, qu'il avoit pratiqué sur les branches d'un Mûrier, afin d'y jouer plus tranquillement et plus délicieusement de la Viole. Marais se glissoit sous ce cabinet; il y entendoit son Maître, et profitoit de quelques passages et de quelques coups d'archet particuliers que les Maîtres de l'Art aiment à se conserver; mais cela ne dura pas long-tems, Sainte-Colombe s'en étant apperçu et s'étant mis sur ses gardes pour n'être plus entendu par son Élève. »

*

Cette anecdote du commissaire des guerres — la cabane, le plancher de la cabane, presque le plancher résonateur des nôs —, c'est une anecdote japonaise. Un disciple du za-zen épie son maître immobile. Il faut trouver la leçon de ce koan. Ou bien c'est un conte de l'ancienne Grèce : une femme dérobe dans la flamme d'une lampe la nudité d'un dieu, pour peu que toute nudité ne soit pas dieu.

*

La cloison sonore est première dans l'ordre du temps. Mais je songe — avant que nous soyons enveloppés de notre propre chair — à la cloison tégumentaire d'un ventre autre. Puis la pudeur sexuelle, la présence ou la menace de l'émasculation, qui ne sont pas dissociables de la cloison vestimentaire. Non pas les corps : certaines parties du corps, non pas les plus personnelles, mais assurément les plus distinctes, qui sont soustraites à la curiosité d'autrui. Il faut alors supposer une espèce de son étouffé qui est comme le sexe dérobé. C'est le secret de la musique. Dans ce sens Marin Marais décide de devenir le virtuose de la basse de viole, dût-il passer sur le corps de son maître. Sans doute une espèce de son étouffé peut être formée à l'aide du piano-forte ou du violoncelle. Mais, de nos jours, dans le cas du clavecin, de la viole de gambe, il en va comme si une tenture, une tapisserie, une cloison nous séparaient de ces sons étouffés, et les étouffent. Le plus lointain en nous, il nous brûle les doigts. Nous le cachons dans notre sein et pourtant il nous paraît plus ancien que la préhistoire, ou plus loin que Saturne. Jean de La Fontaine, dans le même temps, cherche à l'aide de vieux mots, de vieilles images revigorées, la nouveauté, la jeunesse même d'un effet archaïque. Je n'avais pas la vue dans ce temps, pas plus que je n'avais la disposition du souffle, ni du vent, ni de l'air atmosphérique, ni de la profondeur des cieux. J'ai intensément et comme à jamais l'impression de ne pas entendre tout à fait et de ne pas être sûr de comprendre tout à fait.

*

Rien de cru dans le langage. Langage trop proche de la cuisson. Tout ce qui est dit est cuit. Langage toujours trop tard venu sur nous-mêmes. Préhistoire, archaïsme de la musique en nous. L'oreille a précédé la voix, des mois durant. Le gazouillis, le chantonnement, le cri, la voix sont venus sur nous des mois et des saisons avant la langue articulée et à peu près sensée. C'était la première mue. La mue pubertaire la répète et ne la répète si vivement et si récemment que chez les garçons. L'influence des émotions sur la voix de ceux que j'aime, travaillant la voix de ceux que j'aime comme une sorte d'âge en eux, me paraît presque plus infinie et plus surprenante et plus bouleversante que la rubescence du visage dans la pudeur ou dans la honte. Mais le son étouffé, parfois renaissant, le son sans renaissance, le son si incertain durant les neuf ou dix mois de la mue masculine, est celui de l'enfance.

*

Mon fils a treize ans. Sa voix mue.

*

La rubescence du visage dans la pudeur. La voix qui s'émeut, qui chevrote, qui se casse. J'ai tout à coup la conviction que la fascination qu'exerce la vue d'un sexe humain, si elle est plus absolue, est moins infinie.

*

Le seul détail concret, le seul petit fait vrai que présente cet épisode tiré de la jeunesse de Marin Marais se résume à un cabinet de planches, dans le jardin, édifié sur les branches d'un mûrier. Le seul mot très réaliste et comme vivant est ce mot de mûrier. Marin Marais épie derrière une cloison, un plancher sonore — un petit cabinet de planches qui est déjà un instrument de musique. Oreille collée au bois, corps accroupi, le héros musicien chapardeur répète une position plus ancienne. Cette scène était une grossesse, devient un enfantement. Toute la scène, dans la fin de l'été, évoque une autre cloison, une autre avidité auditive.

Au reste si l'anecdote ne porte pas directement sur la mue vocale masculine, elle place cette transformation, cet apprentissage mimétique, cette mue du chanteur en violiste sous le nom même du bois de mûrier, l'arbre qui porte des baies qui se colorent en rouge, en violet puis en noir et qui, dès lors que ces baies s'écrasent comme du sang sous les doigts, sont appelées des mûres. Seul arbre qui tient sa dénomination du mûrir. La maturation auditive devient mutation d'un corps lové comme jadis dans le ventre maternel, désormais sous l'emprise d'un instrument à voix basse et, à certains égards, rouge foncé comme ces fruits.

*

Qu'appelle-t-on mue humaine ? La mue survient vers treize ou quatorze ans chez les garçons, entre quarante-cinq et cinquante-cinq ans chez les femmes, d'une façon plus ou moins distincte. On peut définir la mue masculine : maladie sonore que seule la castration guérit. Liée au développement des génitoires, la mue est liée à la menace qui pèse sur elles. Cette possibilité est si forte et elle est si définitoire de l'espèce qu'elle a cessé d'être seulement chimérique dans ce seul cas : là où la civilisation a jeté aux orties sa terreur et s'est résignée à ce qui menace le sexe masculin dont le développement est indistinct de l'aggravement de sa voix — c'est la castration du castrat. Claudio Monteverdi, Marin Marais, Joseph Haydn, Franz Schubert : peu de musiciens qui n'aient cherché à réparer la trahison de leur propre voix — l'exclusion physique, financière, sociale où cette trahison les jetait — dans la composition de la musique.

*

La virginité et la castration séparent de l'animalité, que la castration soit animale ou qu'elle soit humaine. On ne peut au cours de l'histoire séparer la domestication de la castration.

La castration a une seconde fonction : elle permet de renverser l'échelle naturelle des voix. Elle libère la voix humaine et de la dépendance du sexe et de la dépendance de l'âge.

*

Toute castration est aussitôt vocale et l'est peut-être tout d'abord. Le développement des cartilages laryngés et des cordes vocales — qui est une opacification de ces cordes, un autre assombrissement, et pour ainsi dire la confection des boyaux d'une viole lointaine — est indistinct du développement des bourses. D'où l'absence de mue consécutive à la castration. A vrai dire un tel retranchement de la mue masculine n'est pas « consécutif » au tranchement des bourses, la symétrie plus obscure persiste dans le corps : elle est le son même de ce retranchement. Elle est la voix de cette perte. L'infantilisme de la voix « parle » le déchet du testicule. Cette double scène a passionné les hommes. L'ablation des testicules chez l'enfant aboutissait à une ablation de la mue.

*

On a souvent écrit que la composition de la musique et que l'attrait qu'elle exerce reposaient pour une part sur la quête sans terme au fond de soi d'une voix perdue, d'une tonalité perdue, d'une tonique perdue. On en a parfois déduit que le goût qui portait vers la musique instrumentale — c'est-à-dire vers la musique où la mélodie pouvait enfin franchir les limites de la voix personnelle — conciliait cette perte de la voix et cet écrin étrangement formé où son fantôme instrumental, cordé, pouvait se déployer, la héler, la recevoir sans fin et sans véritable présence dans l'apparence approximative d'un corps humain. La famille des violons, comme celle des violes, ce sont des familles de corps humains en bois creux.

*

Je prends cette argumentation un peu lyrique et décevante au mot. J'explique pourquoi cet art est si souvent et si désespérément masculin. La mue masculine est liée à la puberté. La mue féminine — qui est moins indiscrète, au point de ne pas être toujours perceptible — est liée à la ménopause. Un enfant perd sa voix : c'est une scène masculine. Cette voix — son identité, la matière même de l'expression de son identité, voix qui liait ce corps à la langue maternelle, voix qui liait cette bouche, ces oreilles, ces souvenirs sonores à la voix de la mère qui ne paraît pas connaître de mue — est à jamais cassée. Elle est à jamais perdue. D'un seul coup, pour les hommes seuls, le passé recule à jamais. Où est mon enfance ? Où est ma voix ? Où suis-je — ou du moins où est ce que je fus ? Je ne me connais même plus par ouï-dire. Comment me rejoindre dans ma voix ? Comment me souvenir même du motif de ma plainte, moi qui ne peux même plus la pousser qu'avec une grosse voix qui sans cesse lui en remontre, qui lui fait peur et qui l'éloigne ?

*

Les femmes persistent et meurent dans le soprano. Leur voix est un règne. Leur voix est un soleil qui ne meurt pas. Les hommes perdent leur voix d'enfant. Ce sont les êtres à deux voix — des sortes de chants à deux voix. On peut les définir, à partir de la puberté : humains que la voix a quittés comme une mue. En eux l'enfance, le non-langage, le réel, c'est la robe d'un serpent.

*

Deux possibilités, qui sont l'une comme l'autre très étranges, avaient été ouvertes devant eux. 1) La castration. Leur voix d'enfant persiste. Leurs bourses sont coupées. Sacrifice et règne étrange. 2) La musique. Ils tentent de muer la mue même, de remuer la mue même. Ils deviennent compositeurs ou ils deviennent instrumentistes. Ils travaillent une voix qui ne les trahira pas. Et c'est la vocation que Marin Marais s'invente : devenir le virtuose de la voix basse, de la voix muée au point de la rendre impossible à tout autre.

*

Aux femmes la voix est fidèle. Aux hommes la voix est infidèle. Un destin biologique les a soumis, au sein même de leur voix, à être trahis. Les assujettit à être abandonnés. Les assujettit à muer. Les assujettit à changer.

*

La mue de Mozart. En 1770, à Bologne. Il s'empiffre de figues et de pêches. Il découvre la pastèque — qu'il couvre de sucre et de cannelle parce qu'il lui trouve le goût du concombre. Il grandit brusquement, les manches deviennent trop courtes. Sa voix mue et son père note quelle tristesse l'enfant ressent de ne plus pouvoir chanter ce qu'il écrit. La voix est perdue. Il a la nostalgie de la

Getreidegasse. Il écrit à Marianne : « J'ai les doigts si fatigués d'écrire, fatigués, fatigués, fatigués. » Il rêve du canari de Salzbourg, du canari à la voix immuable. Il rêve à la voix de Marianne. Il nie la mue. Composer de la musique, c'est recomposer un territoire sonore qui ne mue pas. C'est faire des canaris. Tire-bouchonner entre ses doigts des bouts de couverture sonores qui sont jaunes.

Loin de l'inciter à nier la mue, comme le fit Mozart adolescent, et à lui opposer un refus obstiné, un refus du délaissement de l'enfance et de sa patrie sonore, la mue de Marais au contraire le pousse à étreindre l'exil. C'est la basse de viole. Se mettre dans le ventre, se glisser dans le « mûrier » de cette seconde naissance qu'est la mue pubertaire. Rendre touchant ou virtuose ou irrésistible l'aggravement de la voix humaine masculine. Titon du Tillet écrit à la page 625 : « Pour rendre la Viole plus sonore Marais est le premier qui ait imaginé de faire filer en laiton les trois dernières cordes des Basses. »

*

En Occident, les femmes virtuoses ont fourmillé. Les femmes ont beaucoup aimé la musique. Les femmes qui ont beaucoup composé furent à tout le moins rares. Elles échappent à la mue. Pour retrouver la voix de leur enfance, il ne leur est demandé aucun effort, il leur suffit de parler, il leur suffit d'ouvrir la bouche. Elles dominent dans leur voix — d'un bout à l'autre de leur voix. Elles sont prééminence dans le temps et toute-puissance tonale, et hégémonie dans la durée, et empire le plus absolu dans l'empreinte sonore exercée sur les plus petits — sur les naissants. Les hommes sont voués, à partir de treize ou quatorze ans, à la perte de la compagnie du propre chant de leurs émotions, de l'émotion native, de l'*affetto*. La mue redouble la séparation avec le corps premier. Comme la présence de leur sexe entre leurs jambes, la voix grave, fautive, aggravée qui sort de leurs lèvres, la pomme d'Adam, à mi-partie du cou, scellent la perte de l'Éden. La mue est l'empreinte physique matérialisant la nostalgie, vouée à la nostalgie, mais la rend inoubliable, sans cesse se rappelle dans son expression même. Toute voix basse est une voix tombée. Pour peu que les hommes desserrent les dents, aussitôt — comme un nimbe sonore autour de leur corps — le son de leur voix dit : Ils ne recouvreront jamais la voix. Le temps est en eux. Ils ne rebrousseront jamais chemin. Ils composent avec la perte de la voix et ils composent avec le temps. Ce sont des compositeurs. La métamorphose du grave à l'aigu n'est pas possible. Du moins : n'est pas corporellement possible. Elle n'est qu'instrumentalement possible. Elle a nom la musique.

DEUXIÈME PARTIE

Le 9 septembre 1672 — dans l'été, le jour finissait, il longeait les berges de la Seine — il quittait la chantrerie de Saint-Germain-l'Auxerrois et travaillait auprès de Sainte-Colombe. Travaillait auprès de Lully. Il étudia d'arrache-pied, si je puis dire très malencontreusement : les cals lui crevassaient et lui saignaient aux doigts de la main gauche. En 1679, à vingt-trois ans, Marin Marais fut nommé Ordinaire de la chambre du roi pour la viole. Il prit la place de Caignet qui venait de mourir. Il mena de front les carrières de virtuose, de compositeur, de professeur et de chef d'orchestre à l'Opéra. Marié pendant cinquante-trois ans à Catherine d'Amicourt, il en eut dix-neuf enfants dont la plupart devinrent eux-mêmes virtuoses, ou compositeurs, ou professeurs. A la page 627, le commissaire des guerres Titon du Tillet rapporte cette autre anecdote. Marin Marais avait alors cinquante-trois ans. « En 1709, il présenta quatre de ses fils à Louis le Grand, et donna à Sa Majesté un concert de ses Pièces de Viole, exécuté par lui et par trois de ses fils : le quatrième, qui portoit pour lors le petit-Colet, avoit soin de ranger les Livres sur les pupitres, et d'en tourner les feuillets. Le Roi entendit ensuite ces trois fils séparément, et lui dit : "Je suis bien content de vos enfans ; mais vous êtes toûjours Marais, et leur père." Monsieur et Madame la Duchesse de Bourgogne eurent le lendemain le même Concert. »

*

Il ne cessa, sa vie durant, de changer de domicile. En 1686 — au moment des premières déportations des huguenots, l'année même où Fontenelle faisait paraître ses *Entretiens sur la pluralité des mondes* — il habitait rue du Jour, près de l'église Saint-Eustache. En 1691 — l'année de la prise de Nice et de l'invasion du Piémont par les Français, l'année même où l'historiographe Racine revint au théâtre avec *Athalie* — il habitait rue Quincampoix. En 1701 — alors que Chardin âgé de deux ans, au grand désespoir de ses parents, marquait bien peu de vocation pour la peinture et alors que Sanmartini trépignait encore dans le sac amniotique de sa mère — il habitait rue Bertin-Poirée. En 1717 — l'année de la triple alliance, lors du séjour de Pierre le Grand à Paris — il déménageait rue de la Harpe. En 1725 — le petit Kant venant de naître, et aussi bien le petit Greuze, la Bourse venant d'être créée et le détroit de Behring à l'instant découvert — il habitait rue de l'Oursine mais, son cabinet de musique n'étant pas assez vaste, il donnait ses cours rue du Batoir. La maison qu'il habitait, rue de l'Oursine, près du faubourg Saint-Marceau et des grands parcs des Cordeliers, était très vaste et possédait un jardin.

*

Il existe une comédie très étonnante d'Eugène Labiche qui renvoie à ce nom et à cette rue et qu'il fit jouer, au Palais-Royal, en mars 1857. Un homme enivré, quelque effort pitoyable qu'il fasse, ne parvient pas à se souvenir du souvenir qu'il pressent, qu'il ne cesse de pressentir comme de plus en plus redoutable.

*

Rue de l'Oursine, il s'était fait aménager un cabinet de musique qui donnait sur le jardin et qui causait de la surprise aux musiciens de ses amis et aux élèves tant il était en proportion petit. On ne pouvait y jouer à plus de deux violes et c'est pourquoi Marais avait été contraint de louer une salle plus vaste, rue du Batoir, pour y donner ses cours. C'était une réplique de la cabane de Sainte-Colombe, cinquante ans plus tôt, dans le bois de mûrier. Il était recouvert de boiseries de chêne clair. Deux tabourets recouverts de velours de Gênes rouge. Près de la fenêtre — d'où Marais avait plaisir à voir ses arbres et ses fleurs — une chaise longue datant du XVIIe siècle, une vieille « duchesse » de velours jaune, une table à écrire, un nécessaire à écrire au couvercle fait de pierres d'agate.

*

Marais a vu jouer Molière. La Fontaine a entendu jouer Marais. C'était avant le mariage du roi et de madame de Maintenon. Il avait déjà été nommé « Ordinaire de la chambre ». Ce titre est admirable comme il laisse hébété. C'était donc entre 1679 et 1683. Ni Rameau ni Bach n'étaient nés.

*

Les contemporains trouvaient la musique de Marais difficile non seulement dans son écriture mais encore dans sa mélodie.

« Marais suit une route et diverse et sçavante,

Son audace déplaît, son sçavoir épouvante. »

Cette audace, ce savoir tenaient à la littérature alors particulière à la viole. Il avait chanté aux côtés de Delalande durant l'enfance. Delalande l'avait emmené chez l'abbé Mathieu, curé de Saint-André-des-Arts. C'était un véritable club de musique italienne. Mais ce n'est pas Marais, c'est Delalande qui hérita de la bibliothèque de l'abbé Mathieu.

Outre Sainte-Colombe et Lully, Marais connaissait admirablement les œuvres de Louis Couperin, de Chambonnières, de Charpentier. Il connaissait l'œuvre de William Byrd par le biais de Maugars, le célèbre violiste de Richelieu. Il eut les livres de Caignet.

*

L'œuvre instrumental qui demeure de Marais totalise plus de six cent cinquante pièces publiées, sur quarante ans, en sept livres. Le premier livre de pièces à une ou deux violes fut gravé en 1686. En novembre 1692 parut un volume de pièces en trio. En 1701, le deuxième livre (c'est dans ces huit suites que figurent la sarabande *La Désolée* et *Les Voix humaines*). En 1711, le troisième livre. En 1717, le quatrième livre de pièces à une et trois violes. En 1723, *La Gamme* en forme de petit opéra pour violon, viole et basse continue. Le cinquième livre de pièces de violes parut en 1725 et contient sept suites de cent quinze pièces.

*

Des quatre opéras de Marais, le troisième, *Alcione,* qui date de 1706, bouleversa les auditeurs durant toute la première moitié du XVIIIe siècle par la hardiesse et l'effroi de sa tempête : basses de viole, peaux des tambours détendues, cris des violons au plus haut de la chanterelle.

*

A la fin de sa vie, Marais devint ombrageux, se retira dans le silence, laissant la porte ouverte à la famille des violons, aux Vénitiens, aux Napolitains. Le commissaire Titon du Tillet écrivit : « On n'entendoit plus parler d'aucun exploit de sa part. » Il restait assis dans sa vieille duchesse jaune datant du roi Henri. Ses mains ne tremblaient pas. Sa tête tremblait. Il contemplait les roses, les œillets, les tulipes blanches, et le platane et l'orme, et leur ombre dans l'herbe, silencieuse et insensiblement mouvante.

*

Durant les années 1726, 1727, 1728, il avait à peu près cessé de parler. Comme les vieillards qui, pour justifier la mort ou pour supporter la proximité de plus en plus pressante et de plus en plus effrayante de leur fin, édifient à pleines mains mille motifs de haïr le monde qu'ils quittent sans qu'ils le veuillent, il prétendait qu'il avait chuchoté un chant à des oreilles qui ne se trouvaient plus sur les visages. Que, sans qu'il sache comment, il était comme un poète qui écrirait des vers dans une langue dont le peuple aurait été décimé en une nuit. Que l'art de la viole avait connu son plus haut état alors que le public avait déjà cessé de lui accorder son attention. Qu'il avait écrit sur l'eau, au rebours du courant, dans le mouvement impossible qui va de nouveau sans cesse vers la source.

*

En septembre 1728, il mourut. C'était encore septembre. Il n'avait rien aimé plus que l'été, les derniers jours de l'été, son espèce épaisse et douce de lumière.

*

En septembre 1672, jeté hors du chœur d'une église, longeant la berge de la Seine. En septembre 1674 ou 1675, sous une cabane, dans les ronciers et les mûres mûres, noires, s'écrasant comme du sang.

TROISIÈME PARTIE

Je songe aux vieux lettrés chinois de l'époque des Ming lesquels, pour évoquer leur palais, leur gynécée, leurs parcs, les nommaient par pudeur leur « humble coquille d'escargot ». Le petit cabinet de travail était cette coquille. Cette coquille, c'était le souvenir d'une branche de mûrier. Sous le mûrier, les escargots laissent des fragments de lumière. Le dessin que forment les restes de leur bave sur les feuilles rongées a la beauté des bijoux ou du filetage des violes pour peu qu'un rayon de soleil tout à coup les éclaire ou bien se porte sur leur flanc.

Il y a un secret du son — de l'invention du son dans l'univers — et je l'ignore.

On peut parler de sécrétions sonores. Le rôle que joue l'odeur chez les mammifères est joué par le son chez la grenouille. Le secret sonore de la mue masculine, c'est le sexe devenu mûr, devenu fécond. La gravité de la voix n'en est que la sécrétion sonore. On peut parler de reniflement, de léchage, d'allaitement sonores. Robe sonore du corps. Odeur sonore du souvenir.

*

Œuf, larve, nymphe, adulte — on compte jusqu'à sept états. L'œuf est suivi des quatre mues de la chenille suivies de la chrysalide suivie du papillon. J'ai tenu la partie de violon jusqu'à l'âge d'une voix plus grave. Puis, la barbe hirsute, j'ai tenu la partie d'alto. Puis, la face glabre, j'ai tenu la partie de violoncelle. Le dimanche à quatre heures, rue de Solférino, je rejoins Yannick Guillou au clavecin, Gérard Dubuisson au violon. Nous jouons sans nous interrompre un instant Rameau, Couperin, Caix d'Hervelois, Marais. C'est une stupeur absolue durant des heures, n'étaient quelques fous rires, quelques reprises. Au bout de trois heures ou quatre heures, épuisés, la tête enfin aussi vide et aussi belle que la caisse d'un instrument de musique ancien — qui ne contient rien —, le haut du corps tendu et les doigts pleins de cals et plus blancs sans qu'ils soient tout à fait douloureux, nous buvons du vin. Nous feignons de parler de telle sarabande mesurée de

François Couperin que nous avons fait geindre jusqu'à ce qui nous paraissait des larmes. Ce sont deux fusions. Double fusion qui débouche sur le simulacre de l'ultime, la pénultième : le sommeil ivrogne. Ce n'est pas le besoin de mourir.

*

Le besoin de tonique, de conclure sur la tonique, devient irrésistible à l'âge de treize ou quatorze ans — à l'âge de la mue masculine. On songe à l'assuétude à la drogue. Ou à l'assuétude au tabac. Ou, plus particulièrement, à l'assuétude à la solitude.

*

Depuis l'éocène, nous sommes des placentaires.

Quelle idée !

*

L'oreille humaine est préterrestre et elle est préatmosphérique. Avant le souffle même, avant le cri qui le déclenche, deux oreilles baignent durant deux à trois saisons, dans le sac de l'amnios, dans le résonateur d'un ventre. Ainsi toute perception sonore est-elle une reconnaissance et l'organisation ou la spécialisation de cette reconnaissance est la musique.

Les langues nationales ne sont que des petits fragments de musique, des petits districts de musique. L'aurore, l'extrême noviciat à l'égard de la langue est d'abord une organisation musicale où celui qui gazouille cherche à reconnaître dans le bruit de bouche qu'il fait quelque chose du son maternel. Ou à le reproduire, faute que sa mère soit toujours présente. Puis, un adolescent cherche à reproduire le son de l'enfance, faute que ce son ait continué à partager sa vie. On nomme ce type d'adolescents les garçons. C'est un vieux mot haut-allemand signifiant les « bannis ». C'est à partir de ce bannissement que dérivèrent les sens de « mercenaires », de « valets ». A certains égards, une langue est maternelle comme une gamme est tonale. A quatre ans, un petit enfant ne connaît pas la quinte ni les concessives. « Maternel », « tonal », ces mots veulent dire l'empreinte devenue aussitôt « standard », due aux circonstances des premiers jours. C'est la trace sonore, dont le premier fredon est non terrestre, liquide, amniotique. On ne peut se défaire — dans l'affect, dans la robe de Déjanire des sentiments — de cette nuée sonore originaire, autant qu'on demeure sous le régime de l'émotion. Autant qu'on est vivant. Le plaisir éprouvé lors de l'audition d'une musique tonale est régressif. On cherche à se rapprocher de la norme sonore qui a réglé l'oreille avant même la naissance, de la gamme primitive qui nous a défrichés enfants, et qui cherchait à réconcilier, à accorder en nous l'épouvante des sons. Faute que nous puissions apaiser jamais le premier cri, nous cherchons à l'équilibrer en nous, à consonner avec lui, à harmoniser ce hurlement déclencheur de la pulmonation. Ce mouvement qui nous guide vers la musique est fusionnel. Ce qui est cherché, plus que quelque souvenir que ce soit, c'est, au fond de soi, à la racine de soi, la stabilité sonore.

*

On raconte que pour la hauteur de la voix parlée ordinaire, sur le ton de la conversation, c'est vers *sol* 1 que s'affaissent les voix les plus blessées par la mue, les plus basses. C'est vers *la* dièse 2 que se meuvent les muezzi. C'est à *ut* 3 que règnent les soprani.

*

Entre *sol* 1 et *ut* 3 s'éloignent sans cesse les hommes d'eux-mêmes. Ils se sont quittés eux-mêmes, abandonnés eux-mêmes dans la matière même de ce qui les dispose dans le souffle et le temps de leur langue. Ils ont mis entre eux et eux-mêmes une distance sans retour. Comme Pluton est distant de Jupiter ou de Vénus. Aucun instrument ne répare, ne compense. Il hèle. Le musicien est celui qui s'est fait une spécialité de ce verbe, héler.

*

Les sons qu'émet l'homme adulte — qu'émettaient Marais ou Delalande, le soir, à Versailles, entourés de Racine, de Saint-Simon, dans l'appartement du roi — et ceux que chantonnaient les deux petits garçons, Marin et Michel, les enfants de chœur de Saint-Germain-l'Auxerrois, sont aussi distants que la faune et la flore australiennes et africaines — alors que les terres sur lesquelles elles se sont déployées ne formaient jadis qu'un seul continent. Cette distance est une attente qu'aucun objet de l'univers ne satisfait. Aussi distants que, face à face, le petit koala dans les forêts d'eucalyptus d'Australie orientale, et le gigantesque gorille errant dans les sous-bois des forêts pluviales d'Afrique, entouré des okapis et des buffles.

*

Si j'oublie un instant la mue masculine, l'attente, telle est la seule expérience que le temps nous donne de lui-même. La durée est une résistance. Le temps est ce qui dure, ce qu'on endure, l'éloignement entre la proie et les mâchoires, entre l'affût et la prédation, désirer et jouir. L'enfant — qui sait la vérité, à proportion qu'il n'est pas acquis à la parole, à la résignation, à la perte, à la mélancolie — ne sait pas endurer le délai. Telle est aussi une part de l'objet de la musique : endurer le délai. Construire du temps à peu près non frustrant, éprouver la consistance du temps et peu à peu y infiltrer de l'avant et de l'après, du retour et du à-venir, de l'est et de l'ouest, du soprano et de l'aggravé, du rapide et du lent, tenir les rênes de la frustration, maîtriser la carence immédiate, jouer avec l'impatience. A la fin du siècle dernier, le philosophe Marie-Jean Guyau disait qu'aucun temps humain dans l'univers ne s'émancipera jamais de son origine mammifère : l'intervalle douloureux, c'est-à-dire conscient, entre le besoin et sa satisfaction. Ce sont des mots nobles pour dire une mamelle que l'afflux de lait tend et une bouche aux lèvres protruses qui veut mordre, si peu dentée qu'elle soit encore — à supposer qu'en les tendant si vivement, l'avidité qui les meut le long des mâchoires ne suscite peu à peu les dents.

*

Il est possible que les femmes ne se fassent jamais à l'absence de ce qui leur fait défaut. Il est vrai que les hommes ne croient jamais tout à fait à la présence très assurée et très constante de ce qui les différencie des femmes. Apprivoiser la voix masculine, c'est aussi s'approprier la pendeloque sonore — comme aimèrent tant à porter les femmes à la taille, aux mains, aux bras, aux chevilles, au nez, au cou et même, jadis, jusqu'aux bouts des oreilles.

*

Jouer de la viole, c'est étreindre le plus ancien résonateur. Tirer le son d'un grand ventre. Un grand sac de peau devenu caisse de bois.

*

Le chien possède un larynx de forte taille dont l'anatomie est proche de celle du larynx humain. Au surplus, le larynx canin émet des sons dans les limites de fréquences qui sont celles de la voix humaine. Un diapason fit leur destin.

Dans les savanes du cénozoïque, il y a moins de deux millions d'années, deux meutes avaient à peu près un même diapason sonore...

*

Le chien, la musique et la mue — la femme, le langage et le rat —, l'angoisse, la station debout, la barbe et la mort ont toujours accompagné les hommes, au cours des derniers millénaires, partout dans le monde sublunaire.

*

Une voix résonne dans le temps. Puis se déprend des conditions pratiques, dialoguées ou chantées, sociales de la parole humaine. Elle joue avec le fantôme d'elle-même. Ou bien elle joue avec l'image d'elle-même. Ou bien elle joue avec son souvenir. On a nommé toutes ces possibilités, très récemment, la « littérature ». Le mot est très sonore. On disait l'amour des lettres et des livres. L'amour des lettres et des livres, ou la littérature, ils ont aussi affaire à la voix disparue. Ce sont des mués de mués. Ceux qui écrivent des livres qui ont quelque souci de la beauté ramènent à eux un fantôme de voix sans qu'ils puissent la prononcer. C'est leur seul guide. Ils se méprennent sur leur propre silence. Ils cherchent à héler jusque dans le silence de leur livre une voix qui précède — une voix le plus souvent morte, toujours trop signifiante. Comme les musiciens qui hèlent une voix toujours plus vivante, c'est-à-dire plus insignifiante, plus enfantine, plus organique — une voix qui précède la mue, et qui les a décidés à la musique instrumentale ou à la composition de la musique. Même avant l'écriture, la voix silencieuse a précédé la voix amuie que l'écriture a permise. Les œuvres orales artistiques avaient à voir avec la voix silencieuse — comme elles avaient à voir avec le chant, avec la lyre, avec la flûte, avec la danse.

*

Dieu, disait Augustin, ne parle pas avec une voix qui résonne dans le temps.

*

Mais il n'en est pas d'autre. La souffrance humaine est liée à la musique parce que la souffrance humaine résonne dans le temps et dans la voix masculine. Et elle résonne dans l'air atmosphérique qui enveloppe tout à coup le visage durant de nombreux mois avant que le cri soit langage. Dieu même, c'est du passé, du naissant qui revient dans l'actuel, dans le naissant. Plainte et musique. La plainte est une mue du cri. La musique est une mue de mue. C'est la plainte des *Confessions* d'Augustin de Tagaste. *Distentio est vita mea.* « Je me suis éparpillé dans un temps dont j'ignore l'ordonnance. » Toujours quelque chose déchire l'instant. Et le déchiré, c'est moi. Il me faut une concordance pour apaiser la discordance. « Une intrigue ! », tel est le cri dès que le cri devient langage. Ma vie est un continent que seul un récit aborde. Il faut non seulement le récit pour aborder ma vie, mais un héros pour assurer la narration, un moi pour dire je. Il me faut une mélodie — chantonnement premier, *cantus obscurius* de la langue maternelle encore insignifiante, présence substantielle, nourricière — pour apaiser l'éventration du temps par le temps. Le chant, le *mélos* est lié à la mémoire. Un chantonnement avant même le langage, préparant la prise de sa mâchoire sur nous, nous a domestiqués. La récitation enfantine se subordonne, non seulement dans sa rétention mais pour son rappel même, à la mélopée.

*

L'invention du récit : le temps humain se résume à cela. L'invention de la mélodie n'est pas humaine et le précède.

*

Le récit, la mélodie, c'est le pouvoir d'offrir le temps humain à ce monde. L'histoire, la physique, la politique, les dieux — toutes les créations humaines les plus prétentieuses sont subordonnées au minimum d'une récitation, d'une prédation qui se redit à elle-même l'appétit d'un certain sens, d'une certaine proie, sa vision, l'émotion première dans la motilité, la prise.

*

Toute la musique est du narratif vide. Et tout le narratif est dans le temps et se résume lui-même à domestiquer, c'est-à-dire, au sens strict, à castrer la durée (la frustration, la faim, le désir). Et l'histoire — toute histoire, qu'elle soit passée, future ou possible — est asservie à la forme du récit, répond aux conditions formelles et aux fonctions psychologiques du conte le plus archaïque, lui-même lié à la danse-ronde pré-humaine, pré-musicale, pré-dansée, pré-linguistique — répétant à vide la prédation même.

*

Un roman ? L'histoire ? La Bible ?

Abeille dans la ruche répétant le chemin d'une fleur.

*

Une voix résonne dans le temps. La voix masculine y est brisée en deux morceaux. Elle est comme en deux temps. La voix des hommes est le temps fait voix.

*

La temporalité ne peut pas devenir humaine si elle n'est pas articulée sur un mode narratif. C'est-à-dire l'action, le réel, une intrigue, une scène de chasse — c'est déjà un récit verbal. Mais l'action réelle ne peut être éprouvée, « réalisée », que si elle est recherchée elle-même comme une proie, que si elle est reprise sous forme de quête verbale, de chasse narrative. C'est le tempo en quelque sorte masticateur. *Praedatio lingua* (tempo d'ailleurs le plus proche de la narration musicale baroque). C'est pourquoi on ne peut parler que de manière hyperbolique d'un roman sans intrigue, d'une musique sans mélodie. La conclusion où va toute l'histoire ne s'émancipera jamais tout à fait du happement, de l'accord, d'un clac d'ivoire. Il y a dans toute action muette un récit verbal qui est mendié. Toute souffrance, en criant vengeance, n'appelle pas autre chose dans l'univers qu'un récit. Une dévoration fictive. Ce sont toutes les religions. Il n'y a pas de dieu sans mouvement de mâchoire. Un dieu n'est que cela — à condition que ses mâchoires se referment et que le sang coule, et qu'une meute s'agglutine autour de cette trace.

*

Ce sont les abeilles que j'ai dites. Au jardin. Quand l'été s'alourdit, ne cesse de s'épaissir. Elles sont sans cesse à revenir voracement autour de la trace de confiture de mûre qui était demeurée sur la table. Elles bourdonnent, s'approchent, dansent, prélèvent brusquement, s'éloignent dans leur murmure.

*

Une part de la musique, c'est ce temps travaillé par le temps, c'est ce temps qui tourne le temps, se porte contre lui par les moyens que lui offrent ses propriétés mêmes. La musique, c'est un corrigé de temps plus ou moins revenant. En elle, il semble que le temps fasse à lui-même retour, qu'il retourne à plus loin que son origine.

Que le temps a la nostalgie qu'il n'a pas toujours été. Durant ce temps, la perte du temps en est rendue non pas supportable, mais désirable.

*

Au sein du temps humain, la musique est un Revenant du temps.

*

Comme il perdit la voix à treize ou quatorze ans, l'auditeur de musique s'échange au mouvement de perdre. Un temps cherche à lui plaire. Ce qui le frustre, lui ôte le plaisir et le voue à la mort cherche à lui plaire. Ce qui dérobe et est lié au mortel a tout à coup un accès de générosité et fait comme un présent. Il y a là un paradoxe qui rend cette fonction particulière à la musique plus ou moins perverse. La musique y paraît tout à coup comme faite d'un humour noir qu'on peut avoir envie de refuser vivement.

C'est un morceau de sucre rompu qu'on pose doucement sur une dent qui est cariée. La musique chuchote à l'oreille de son auditeur : « Regarde le temps ! Un jeu d'enfant ! Un trait virtuose ! Et qui revient ! Écoute ! Le temps n'est rien ! Et la mort n'est qu'une occasion de plaisir ! »

*

« C'est long ! », répond l'enfance à la musique. « C'est long, c'est long. On s'en va. Quand est-ce qu'on s'en va ? », répète sans cesse l'enfance. La langue allemande nommait l'ennui le « temps-long ».

*

« C'est long ! Qu'est-ce qu'on peut faire ? A quoi peut-on jouer ? », chuchotent les enfants tout à coup désertés. On peut peut-être traduire ces chuchotements qu'ils s'échangent. Ils disent peut-être : « Où pourrait-on trouver un vrai désir pour remplir l'heure ? Dans quelle région de l'univers ou de la chambre sont rangés les désirs ? Où est la table incessante pour la faim incessante ? Où est l'activité, la fougue qui couvrirait tout l'espace du temps ? »

*

La *langeweile,* l'ennui, est une sorte d'humeur vide, nonchalante. Mais la nonchalance de l'ennui n'est qu'un masque figé sur le visage de la rage. La rage qui est sous l'ennui, c'est la rage qui est la plus partagée, c'est la rage d'être soumis à la sexuation et à la mort ou, pour le dire plus simplement, c'est la rage d'être soumis à l'attente de ce qu'on ignore. Attente que trahit, qu'exprime la mue. La musique est un autre masque porté sur ce même visage d'impatience et de rage. La musique dit que le guet est bon — ou du moins que c'est du même qui revient. Que le guet est harmonieux —

ou du moins qu'il va jusqu'à l'accord dans l'instant, par le biais de l'harmonie, et jusqu'à l'accord dans le temps, par le biais de la mélodie. C'est une attente de ce qu'on ignore, mais une attente où l'on sait que ce qu'on ignore, sans qu'il soit connu, ne sera pas tout à fait inconnu, et est doux, s'en va et revient — et ne s'en va jamais que pour revenir.

*

Écouter l'attente avec beaucoup d'attention. Écouter attentivement de la musique. C'est faire d'un moment de temps-long une faveur du sort. C'est se divertir du temps par une espèce d'attente de lui. C'est de l'ennui qui jouit.

*

A la plainte de l'enfance : « C'est long ! », la musique répondait : « Je consens à la longueur du temps.

J'éprouve du plaisir à l'éloignement de ce que je convoite. » Le jeu, pour l'enfant, était beaucoup plus efficient que la musique. Mais la musique était jouée. Mais la musique joue, se joue. Elle joue avec le temps déposé et sans mort en nous.

QUATRIÈME PARTIE

Évrard Titon du Tillet l'appréciait. Marais la vit. Il s'agit d'une toile de Desportes — où les couleurs, les formes et les ombres furent disposées du temps où paraissait le troisième livre de viole de Marais. Il y a une basse sur la droite, un plat d'oranges près du chevillier, un recueil de musique en bas, près de la pêche, des cartes à jouer, une chocolatière et des tasses de chocolat perdues parmi les cartes à jouer et les épluchures d'orange.

Mais ce n'est plus la musique de Marais. C'est celle qui la supplante, celle devant laquelle, vieillissant, Évrard Titon du Tillet dit qu'il se tait si ombrageusement.

*

Il avait connu une gloire extrême. Il n'avait pas choisi pour instrument de son art l'instrument qui tombait dans l'oubli. Au contraire, enfant ayant mué, c'est cette nostalgie qu'il voulait conduire à l'oubli. Il avait choisi pour instrument de son art, la basse, la basse de viole — instrument qu'il conduisit en effet à l'oubli par sa virtuosité, par l'habileté retorse qui donnait de la paix à son tourment, par la beauté expressive de ses pièces rivalisant avec la voix, par l'extrême difficulté de ses pièces. La plus belle et peut-être la plus difficile de ses pièces se nomme *Les Voix humaines.*

*

Les contemporains ont tous souligné le silence soudain où s'enferma tout à coup le musicien vieillissant. Contemplant ses œillets, ses tulipes blanches, et l'orme du jardin, rue de l'Oursine. Ce silence est présenté comme un secret.

*

Une seconde version est plus courante : dès 1699 Corelli imposa le violon contre la viole et vainquit. Une troisième version inclut prudemment notre propre méconnaissance : la viole de gambe est tombée dans l'oubli à partir de la Révolution française et a entraîné dans l'oubli et la technique et le souvenir de ceux qui avaient écrit pour elle. Une quatrième version est possible, pourtant. C'est le mot de Rousseau : « Qui, en France, eût été capable de les jouer, sinon Marais lui-même et le jeune Antoine Forqueray ? » Il faudrait dire : la technique mise au point par Marin Marais dans le dessein de rivaliser avec toute l'étendue de la voix humaine, désira le déclin de l'instrument, chercha l'oubli de cette souffrance.

*

Les « voix humaines » sont à elles-mêmes des sonates qui s'ouvrent sur des cris. Elles se prolongent entre le gazouillis et la lallation. Puis ce sont les voix blanches de l'angoisse, le timbre métallique des maniaques. Ce sont les aphonies terribles des détresses. C'est la voix sourde, basse et émoussée des dépressifs. Enfin le détimbrement de la voix des vieilles gens au moment où elles meurent.

*

En 1270, le bienheureux Reichhelm, abbé de Schongau, savait détailler méticuleusement les corps aériens et les mauvais esprits qui pullulaient dans les airs. Il affirmait que, puisque l'air était plein d'âmes, tous les sons — chutes d'eau, bruits de pierres, tonnerre, vents, frémissements, ramage des ramures — n'étaient que leurs voix confondues et qu'il fallait beaucoup de bonne musique pour les apaiser, ou pour les rappeler dangereusement auprès de soi, au péril de l'auditeur, ou pour les éloigner avantageusement et définitivement dans la mort.

L'action de la musique paraissait totalement ambivalente à l'abbé de Schongau. Provoquer la pluie, la grêle, le tonnerre, le souvenir de la voix d'un être, c'est provoquer aussi bien des sons qui sont liés comme le père et le fils, comme une cause et son effet, comme le regard et la main. L'abbé de Schongau disait : « Comme l'aboi du chien domestique et l'appel du maître. » Il disait : « Que sait-on de ce qu'on fait quand on fait de la musique ? » Les instruments à cordes dans la matière même de leurs éléments tentaient les esprits des voix perdues et la forme même des os, des corps ou des peaux. Tout son ranime de la mort, restitue la merveille du souffle à des corps désertés par le souffle. Tout détourne du silence divin. La musique est faite pour tenter le vivant. Art qui ramène dans son filet les esprits de l'air — les amours, les haines, les *affetti.* Les sons les convoquent tandis qu'ils les imitent ou qu'ils les hèlent.

*

Marais fut le gambiste préféré du roi Louis XIV. Comme Hiromasa fut le luthiste préféré de l'empereur Murakami. Marais ne sut pas enseigner à ses fils le secret qu'il avait recueilli — l'oreille collée à la cabane. Le roi entendit les trois fils de Marin Marais à la viole, séparément, et dit : « Je suis bien content de vos enfants. Mais vous êtes toujours Marais, et leur père. »

*

La nature produit du vivant insignifiant. L'art produit des êtres morts signifiants. C'est sans doute ce que Marin Marais appelait « voix humaine » : une œuvre de musique hélant une voix perdue, ou organisant une voix devenue impossible.

*

Agé de soixante-neuf ans, Marais demanda sa retraite au jeune roi Louis XV. Il se retira rue de l'Oursine, dans le faubourg Saint-Marceau. Marin Marais aimait les branches des mûriers, aimait les fleurs. La mue — de même que la ramification des racines des arbres dans la terre est symétrique de la prolifération des branches qui s'élèvent dans le ciel — pousse une frondaison glottique et sonore dans les airs qui est comme le reflet, comme une espèce de visage du système plus obscur et rougissant, testiculaire et sexuel. Le commissaire Titon du Tillet dit : « Marais trois ou quatre ans avant sa mort s'étoit retiré dans une maison, rue de l'Oursine, faubourg Saint Marceau, où il cultivoit les plantes et les fleurs de son jardin. Il louoit cependant une Salle rue du Batoir, quartier Saint André des Arcs, où il donnoit deux ou trois fois la semaine des leçons aux personnes qui vouloient se perfectionner dans la Viole. »

*

Quelle est l'essence de la musique pour moi ? C'est le bruit étouffé que fit Tibère mourant — étouffé entre deux matelas sous les mains de Macron.

*

Le temps a trois dimensions. La voix des hommes a deux saisons. Puis la voix des hommes s'engloutit. Elle s'enlise d'un seul coup dans le silence. Dieu est éternel. Il était enfant. Il était soprano. Il ne connaissait pas encore le langage. Il était Dieu. Il était dans une crèche. Ils arrivèrent. On les appelait les rois mages. Ils étaient trois. Ils offrirent au jeune dieu le passé pour regretter, en sorte qu'il souffrît, le futur pour désirer, en sorte qu'il souffrît, le présent pour être accablé de l'un et de l'autre, en sorte qu'il souffrît.

*

Sous la cabane où jouait Sainte-Colombe dans le mûrier, il y avait la place recroquevillée d'un homme. Tel le dieu soprano dans le bois d'une crèche. Le plancher, la vieille cloison, le vêtement, la peau. Ce sont les matelas. C'est la place de l'empereur. L'âme, dans les instruments à cordes, retient les deux cloisons sonores de s'écraser l'une sur l'autre. Les dernières œuvres de Marais sont perdues, les dernières suites pour viole seule, les concerts de violon et de viole offerts à Monsieur l'Électeur de Bavière, les dernières suites à deux violes...

*

François Couperin — selon l'inventaire après décès — possédait les livres de pièces de viole de Marais.

*

Bach admira l'œuvre de Marais. Il possédait plusieurs de ses livres de suites pour viole. La *Passion selon saint Matthieu* est écrite dans le style de Marais. Sublime signe dans le temps : *Komm, süsses Kreuz...*

*

Sur le premier matelas Tibère se débattait et il tremblait. Le second matelas appuyait sur la vieille pomme d'Adam impériale et étouffait le son de douleur. Cette voix était muée. Les mains de Macron rendaient presque lointain et doux et comme enfantin le hurlement de l'empereur mourant.

*

Le premier matelas définit le rythme. Le second matelas définit l'intensité sonore. Ce qu'expire l'empereur définit la mélodie. Macron est le nom de l'interprète.

Un jeune Macédonien débarque au port du Pirée

Un jeune Macédonien débarque au port du Pirée. Il vient de Chalcidique. Il a dix-huit ans. (C'est en 366 avant Jésus-Christ.) Il demande son chemin à un vieux débardeur bleu, originaire des rives de la Weser. C'est moi. Il traverse un groupe de commerçants. Il rejoint les Longs Murs relevés par Conon. Il gagne la ville. Il marche vivement, extrêmement maigre, avec peu de bagages dans une toile vert d'eau. La cour de Macédoine s'est chargée de tout. Son père est mort.

Il ne va pas à l'école d'Isocrate mais

à celle de Platon, financée par le parti macédonien. Elle se nomme l'Académie. Ce qui veut dire, à l'ouest d'Athènes, au-delà du quartier du Céramique, un grand bois d'oliviers et de platanes entourant le tombeau du héros Akadémos. Il ralentit le pas. Il traverse l'ombre. Il approche du grand gymnase.

Il entre. Il parle en grec. Il est déçu. Le maître, Platon, fils d'Ariston, Athénien, est absent. Il est à la cour de Syracuse. C'est le mathématicien Eudoxe, né à Cnide, qui l'accueille. Durant un an il l'enseigne.

Tout à coup le maître rentre. Il a soixante-trois ans. Il a le visage carré et las. Le soir même Eudoxe présente le jeune Macédonien :

— Aristote, fils de Nicomaque, Macédonien, originaire de Stagire.

L'adolescent salue le maître. Le père Grenet assure que, comme il saluait Platon pour la première fois, la voix du tout jeune Aristote était basse et rauque.

*

Aristote a écrit, dans *Histoire des animaux,* VII, 1, 581 a : « Le sperme commence à apparaître chez l'homme mâle le plus souvent à deux fois sept ans. En même temps surgissent les poils des organes génitaux. De même les plantes, juste avant qu'elles donnent des graines, d'abord poussent des fleurs. Cette remarque a été faite par Alcméon de Crotone. Vers le même temps, la voix commence à se transformer, passant à un registre plus rauque et plus inégal. La voix a cessé d'être aiguë, tout en n'étant pas encore grave. Elle n'est plus entière. Elle n'est plus uniforme. Elle fait penser à des instruments de musique dont les cordes seraient détendues et rauques. C'est ce qu'on appelle *bêler comme un bouc.* Il arrive, à pareille époque, que les adolescents qui cherchent par frottement à provoquer l'émission du sperme éprouvent, lors de la sortie du sperme, une volupté qui ne se sépare pas de la douleur. »

*

Il écrit : *ȍ kaloũsi tragízein,* « on appelle cela muer ». Mot à mot : « On appelle cela bêler comme un bouc. »

Les Grecs ont inventé la tragédie. La tragédie, en grec, cela se dit *tragodía. Tragodía* veut dire mot à mot le chant-du-bouc. *Tragízein* a deux sens : puer comme un bouc et muer de voix (chanter comme un bouc ou comme celui qui en rappelle l'odeur). C'est la voix raboteuse, tout à coup trompetante, escarpée. C'est le sens ancien et perdu de chèvreler, de chevroter dans notre langue.

*

C'était au tout début du printemps. La *tragodía* est le chant du bouc. Tout le village, lors de la grande procession, chantait. Les flûtes-hautbois accompagnaient le chant. On portait des grands simulacres de sexes d'homme dressés. Alors Eschyle ou Sophocle conduisaient le chœur. On sacrifiait le taureau le premier jour. Avant la compétition (ce qui est choral, ce qui est dansé, ce qui est théâtral ne s'étaient pas encore dissociés), on sacrifiait le cochon de lait sur l'autel. Ce qu'on appelait danses, c'étaient le défilé des jarres, la parade des armures. Ils dansaient c'est-à-dire : ils piétinaient. Enfin les trompettes sonnaient.

*

Alors *théatron* voulait dire « lieu d'où on regarde ». Alors *òrchéstra* voulait dire « lieu où on danse ». Alors *skèné* désignait la cabane de bois où on change de masque ou de costume. C'est le lieu de la mue. De même qu'en français on dit « muer sa tête » pour un cerf qui quitte son bois.

*

Le joueur de flûte-hautbois se tenait près de l'autel du sacrifice. Là où on égorgeait le cochon de lait. L'autel était au centre de l'orchestre. Le joueur de flûte-hautbois était le seul à être sans masque. Mais la flûte le masquait. Il accompagnait ce qu'on appelle de nos jours le « chœur tragique ». C'est-à-dire le grand « chevrotement », le chant du bouc. C'est-à-dire, si l'on peut dire, la mue.

*

Les Grecs appelaient cela « théâtre », « lieu du regard », parce que lors de cette cérémonie du chant de bouc toute la population du village se dédoublait entre le chœur et elle-même et elle se parlait à elle-même. Elle se contemplait.

Peu à peu, le temps venant, entre le chœur qui piétinait et qui chantait et la communauté qui s'était assemblée autour de l'autel, des parties solitaires se détachèrent. Un solo s'éleva dans l'ode chorale. Des êtres s'avancèrent, des voix s'émancipèrent au-delà des lamentos à l'unisson autour du porc sacrifié. Des monologues et des chœurs se répondirent. Ils rapportaient et ils disputaient de très vieilles légendes qui leur semblaient de plus en plus discutables.

On a dit que cette mue — en grec, ce chant de bouc, cette tragédie — était celle du *muthos* en *logos.* C'est du moins ainsi qu'ils dirent à la suite de ces cérémonies étranges. Ces sortes de tribunaux populaires, de sacrifices piétinants et chantés, ces sortes de compétitions, d'enquêtes sur la violence et sur l'intelligibilité des légendes durèrent un peu moins de trois siècles.

*

Ni le mot acteur, ni le mot prêtre, ni le mot victime ne convenaient. Ces premiers solos entre le chœur et le village rassemblé, c'étaient les porteurs du masque porte-voix. Ils s'opposaient aux visages nus des joueurs de flûte-hautbois. Le masque déformait la voix comme une mue. Le masque était dévoué — après l'unique représentation — à la statue du dieu Dionysos. Il ne semble pas que le masque ait été zoomorphe. Aucun masque n'a été conservé.

*

Aristote aimait la tragédie, connaissait tout de son histoire. C'est Aristote qui a noté qu'Eschyle avait été le premier protagoniste à s'inventer, un beau jour de mars, un interlocuteur distinct de la foule à l'entour.

*

Les derniers jours de mars. En latin, le printemps se dit *ver*. De même que *tragízein,* c'est faire le bouc, émettre comme lui dans son odeur ou dans son chant, la *vernatio* romaine — mot qui ne désigne que la robe que les serpents abandonnent après la mue du printemps — j'imagine que cela a voulu dire le faire-printemps, le reverdir, le changer-de-peau.

*

Le théâtre et le changement de peau sont liés. C'est pourquoi, peut-être, muer, en grec, a pu se dire de façon si curieuse : être le cri du sacrifice. Être le bêlement d'un bouc émissaire d'ailleurs absent du sacrifice qui le nomme.

On peut se servir d'un argument très lointain qui appartient au Livre des Juges. Le cri de la prière parvient aux oreilles de Dieu exactement comme la fumée monte à ses narines. L'un et l'autre sont portés par l'air au-dessus du sacrifice. L'odeur nauséabonde et le bêlement sont transportés par le même médium. La mue au sens de *vernatio,* au sens de mutation vocale, au sens d'opposition des sexes, au sens sous-jacent de mue caractéristique du désir masculin, là est la tragédie.

*

A la fin du XIIIe siècle, près de Gênes, Jacques de Voragine note une légende écossaise. Une brebis dérobée et mangée par le voleur pousse un bêlement dans le ventre de celui qui l'avait mangée. La victime trahit le vol. L'aliment se retourne contre son dévorateur.

Lors de la mue des garçons, en Grèce ancienne, c'est le bêlement d'un bouc qui trahit le sacrifice définitoire de l'espèce. La victime du banquet sanglant s'engorge dans le corps des fidèles exactement comme dans la légende hébraïque et chrétienne un morceau de pomme reste fiché dans la gorge d'Adam. De même que les chrétiens nommaient *pomme d'Adam* cet accroissement, cette protrusion au centre de leur cou, lors de la mue masculine, comparable à un sein stérile, de même en Grèce ancienne, au-delà du temps, un bouc sans âge venait bêler dans le corps des garçons à l'instant même où ils devenaient des hommes.

*

Le mot grec pour dire la mue est étrange : c'est le son équivalent au mot puer. Le mot français n'est pas plus clair : il dit aussi bien le renouvellement tégumentaire que le déchet tégumentaire. Émile-Maximilien Littré assure que dans la mesure où muer n'est pas une action volontaire, il faut préférer, afin d'exprimer l'état, l'usage de l'auxiliaire être. Nous n'avons pas mué entre douze et quatorze ans. Nous sommes mués alors.

Littré ajoute que la desquamation continuelle de l'épiderme chez l'homme est une « véritable mue insensible ». L'idée est vieille comme Homère, où la mort des hommes est comparée à la chute des feuilles que portent les branches des arbres dans l'automne. De même le défleurissement que les enfants des hommes connaissent dans leur voix à l'époque de la puberté. L'enfant qui fait l'objet de la mue, dans la compagnie incessante où il est de sa voix, il n'est pas capable d'en entendre la si surprenante transformation, ni d'en conserver un souvenir aigu. Cette surdité involontaire est le seul moyen dont il dispose afin de continuer à s'entendre lui-même, à s'entendre avec lui-même. Ce sacrifice est de ceux qui se censurent à l'égal du souvenir d'un ventre glabre.

*

On dit de nos cheveux et de nos ongles qu'ils font l'objet d'une mue incessante qui dépasse la mort personnelle.

*

Parfois on le dit des livres que certains hommes écrivent. Des sonates que certains hommes composent.

*

Diogène Laërce rapporte qu'Aristote, quelques mois avant qu'il mourût, commanda des statues au sculpteur Grullion.

Une de Nicanor enfant. Une de la mère de Nicanor.

*

L'âge venant, il avait cessé de lire. Il se passionna pour l'observation de tout ce qui vivait. L'objet le plus vaste, le spéculat de toute spéculation, la proie même au bout de la pensée, c'était le réel. Il fut peut-être le premier réaliste, le premier zoologue. Dans la baie de Pyrrha, dans les jardins du palais de Miéza, à l'intérieur des murs du Lycée, il regardait. L'univers était comme un grand *théatron.*

*

En 323, à la mort d'Alexandre, durant l'été, Aristote est accusé une nouvelle fois. Une nouvelle fois il quitte Athènes. C'est la nuit. Il fuit vers l'Eubée, rejoint la propriété héritée de sa mère en Chalcidique. Il a soixante-trois ans, il n'en peut plus, il est malade. C'est la dernière mue.

*

La première mue est la naissance. Celui qui naît se dégage comme il peut d'une dépouille qui survit. La voix des hommes connaît deux chutes. L'enfance en eux, tel est le *spolium,* le bois tombé, la peau, la toison, la robe, le butin perdus. C'est le non-langage de l'enfance. Puis c'est le chant. La voix. Le livre. La sonate. La statue.

Les voix des hommes sont sacrifiées deux fois, l'une dans la mue, l'autre dans la mort. L'ultime est sans expérience. Son lieu n'est plus un corps mais une sépulture. L'autre mue, au terme de l'enfance, est le cri du sacrifice même. Les hommes de l'ancienne Athènes étaient visités par un chant de bouc, par la *tragédie* dans leur voix. Étaient visités, à la fin de l'hiver de l'enfance, par un certain chèvrelement, chevrotement persistant, rabotant, escarpant leur voix.

Ils usaient aussi pour évoquer ce bris dans la voix des garçons de l'image d'une plante perdant sa fleur. Ils disaient : la voix des hommes est une voix flétrie, après deux fois sept ans, avant le silence de la mort.

*

Après que nous muâmes dans l'air atmosphérique, dans la pulmonation, le cri et la lumière.

Après que nous avons mué à deux fois sept ans. Après que nous avons bêlé.

Avant que nous muions dans l'absence du temps. Avant que nous muions dans l'absence du langage. Avant que nous muions dans l'absence d'espace. Avant que nous muions dans l'absence de corps.

*

Des Florentins du temps des Médicis, des Parisiens sous Louis XIV, des Allemands de Weimar étaient hantés par les Grecs qui vivaient quand Périclès vivait. Ils étaient hantés par eux jusqu'à la douleur. John Keats, Friedrich Hölderlin, Friedrich Nietzsche se perdirent dans cette douleur. Les médiévaux aussi. Il me semble que cette hantise comme cette douleur se sont dissoutes. Cela n'est presque plus compréhensible. Je songe à ce vieil homme veuf, aigri, amoncelant des statues dans son jardin d'Eubée, accablé de la haine des Athéniens, accablé de la haine des Stagirites, accablé de la haine d'Alexandre. Il a encore aux oreilles les cris aigus de l'eunuque Hermias crucifié. Il se souvient de l'île de Lesbos, de sa mère Phaestis, de l'observation de la faune marine dans la baie de Pyrrha. Il aimait sa maison d'Athènes, sur le mont Lycabette, non loin des rives de l'Ilissos. Il fait venir sa fille Pythias. Il meurt.

*

J'ai à l'esprit brusquement la mort de Renouvier. Benda rapporte que

Renouvier, quelques heures avant sa mort, comme il dictait à un élève des notes sur la doctrine de Hume, s'écria tout à coup : « Ah ! C'est bon de penser ; j'en oublie que je vais mourir. »

*

Aristote meurt. Mais c'est le réaliste, c'est le zoologue qui meurt. Minutieusement il abandonne le jour, l'odeur, la voix, lui-même. Même la voix muée, il la laisse derrière lui. La voix muée mue dans quelque chose de moins rauque et de moins inégal. La robe ultime qui est laissée, c'est la vie.

Un corps soudain se décompose et mute dans le silence. Il se minéralise. C'est le réel qui approche.

La dernière leçon de musique de Tch'eng Lien

J'amplifie une vieille légende. Je l'ai lue dans une note savante due à Tchang Fou-jouei, à la page 432 du second tome de la *Chronique des mandarins.* La traduction française du livre de Wou King-tseu est parue en 1976. Je brode rêves et réflexions autour de la légende de Po Ya. J'invente les dialogues, les souvenirs. Mais la scène finale est celle de la légende. C'est cette leçon ultime de Tch'eng Lien qui me fascine. Les noms de Po Ya, de Fang Tseu-tch'ouen, de Tch'eng Lien sont eux-mêmes réels. Tch'eng Lien vivait à l'époque des Printemps et Automnes (722-481 avant Jésus-Christ). Il fut le professeur du Plus-Grand-Musicien-du-Monde. Les anciens lettrés chinois avaient donné à Po Ya le nom-titre de « Plus-Grand-Musicien-du-Monde ». D'après le *Yue-fou kiai-t'i,* Po Ya avait déjà étudié durant cinq ans le luth, durant quatre ans la guitare à trois cordes avant qu'il vînt trouver Tch'eng Lien pour recevoir son enseignement. Tch'eng Lien l'écouta, le reçut parmi ses élèves et le fit travailler pendant trois ans. Un matin, avant l'aube, Tch'eng Lien fit chercher Po Ya et exigea qu'il vînt sur-le-champ le retrouver dans la Salle aux instruments. Tch'eng Lien se tenait assis en tailleur, avec un luminaire à huile à sa gauche, et il demeurait silencieux.

— Donnez-moi votre luth, demanda-t-il tout à coup à Po Ya.

Po Ya le salua et lui présenta son luth.

— Écoutez ce son ! lui dit Tch'eng

Lien et il brandit le luth au-dessus de sa tête et l'écrasa par terre.

— Tel est le son du luth ! dit Tch'eng Lien.

C'était un luth de sept cents ans (de la fin du deuxième millénaire avant Jésus-Christ).

Po Ya s'inclina et salua trois fois.

— Donnez-moi votre guitare à trois cordes, demanda Tch'eng Lien.

Po Ya lui tendit la guitare.

— Écoutez ce son ! lui dit Tch'eng Lien.

Il posa la guitare devant lui, se mit debout, sauta sur la guitare et marcha longuement dessus.

Po Ya pleurait en regardant ses instruments détruits que malmenaient les chaussons de son maître. Puis Tch'eng Lien poussa du pied les débris des instruments vers Po Ya en lui disant :

— Maintenant, mettez plus de sentiment dans votre façon de jouer la musique !

*

Le jeune Po Ya fut très abattu. Il ne possédait plus que quelques sapèques. Il avait perdu ses instruments de musique. Durant une lunaison il cessa de manger et il hésita à quitter son maître. Tous les taëls d'argent dont il disposait, il les avait donnés à Tch'eng Lien pour payer ses leçons, le lit de brique, les repas de chaque jour. Qu Lin lui prêtait de temps en temps son luth.

*

Au bout d'une lunaison, quand Po Ya vit que Tch'eng Lien ne l'avait pas fait appeler, il alla le trouver. Il le salua. Tch'eng Lien le fit asseoir près de lui et fit apporter deux bols de nouilles sur lesquelles ils mirent de la viande sautée et du chou-fleur. Ils prirent leurs baguettes et ils mangèrent. Après que Tch'eng Lien eut fini de manger ses nouilles, il fit apporter du vin et le mit à chauffer. Ils burent quelques verres. Enfin Po Ya interrogea son maître :

— Mon luth datait de peu après la naissance des proverbes ! Mon père l'avait obtenu du duc Fong en échange de trois concubines à la beauté indicible. Ma guitare avait été jouée par les sept musiciens. Pourquoi, grand oncle, les avez-vous brisés ?

La voix de Po Ya était pleine de larmes, alors qu'il parlait. Elle se cassait tandis qu'il prononçait les mots de luth et de guitare, de grand oncle et de père. Tout à coup ce fut un immense sanglot et il pleura dans ses manches.

— Mon oncle ! cria-t-il.

Puis Po Ya se frotta les paupières et se prosterna trois fois devant Tch'eng Lien. Tch'eng Lien lui répondit :

— Mon fils, je vous ai déjà répondu quand je les ai brisés ! Votre jeu était habile mais il n'avait pas de sentiment. J'ai brisé vos instruments et déjà votre voix a changé. Je vous écoutais vous plaindre et déjà j'entendais dans le chevrotement de votre voix quelque chose d'un chant. Vous commencez à tirer de vous-même des accents qui émeuvent.

Tch'eng Lien ôta de sa manche un reste de chou-fleur qui était tombé. Il reprit :

— Vous êtes comme un enfant dont la voix mue. Vous êtes comme un enfant dont les lèvres hésitent entre le sein de sa nourrice et la mamelle des prostituées. Vous êtes comme un enfant dont le palais hésite entre l'univers du lait et celui du vin chaud, entre la voix qui s'élève brusquement comme un petit oiseau au-dessus des frondaisons et une grosse voix de bûcheron ou de charretier qui bourdonne et aboie contre son tronc ou sa mule. Vous hésitez entre ce que vous sentez et ce que vous savez. Vous avez encore beaucoup à faire avant de vous approcher de la musique !

Po Ya salua de nouveau à trois reprises. Comme Po Ya allait se retirer, Tch'eng Lien le retint. Il l'invita de nouveau à s'asseoir. Tch'eng Lien demanda à Po Ya ce qui avait décidé Po Ya à l'art de la musique.

*

Trois choses avaient décidé Po Ya à la musique. La première, ç'avait été quand il marchait à peine. Il accompagnait en titubant sur ses deux petites jambes une servante qui allait chercher au bourg du bois à chauffer et du riz en longeant le lac. Le long du lac, il vit pour la première fois des saules aux troncs énormes et à l'ombre ronde. Il s'approchait et il découvrit un jeune homme qui gardait un buffle et qui lisait en marmonnant, sur le bord de la rive. L'ombre des saules était ronde et bleue. Le silence était immense. « L'eau, l'ombre ronde, dit-il, l'enfant, le livre, le buffle, le saule, le licou qui retenait le buffle au tronc du saule, tout cela s'est accroché dans ma mémoire sans autre raison ! » dit Po Ya.

La deuxième chose qui avait décidé Po Ya à la musique, selon Po Ya, ç'avait été neuf ans plus tard, à la mort de l'épouse principale de son père. La porte était drapée de blanc. « La Première est morte ! » telle avait été sa pensée. Il était entré. Il avait pris un bâton d'encens et avait salué les mains jointes quatre fois. Il était à genoux et son front touchait le sol en bois. Il entr'apercevait les lueurs mouvantes des lampes, des ombres et des pieds. Puis, en même temps, il avait entendu la goutte d'huile qui crépitait dans le grand luminaire et le bruit de ses larmes qui tombaient sur le plancher de bois.

Le troisième événement qui avait décidé Po Ya à la musique, selon Po Ya, ç'avait été près de Nankin. Il sortait d'une maison de thé. Il avait encore le souvenir de la chaleur du lieu, de la fraîcheur des feuilles et des fleurs, de la qualité de l'eau de pluie murmurant dans la bouilloire. Il faisait très chaud. Il était sorti, il suait sur le visage et sur les fesses et il était en train de suivre la route qui le menait chez son maître d'écriture quand l'orage l'avait surpris. Il s'était accroupi dans un buisson. L'orage avait été d'une extrême violence. Les trombes d'eau étaient des montagnes. La noirceur des cieux luisait comme les cheveux des plus belles des femmes. Le tonnerre était assourdissant et donnait le désir de fuir. Les éclairs déchiraient l'épaisseur noire du ciel et laissaient entrevoir la nature irregardable et effrayante qui est au cœur de la nature — des fragments du soleil effrayant qui est derrière la nuit. Po Ya avait enfoui son visage dans sa manche.

Puis ç'avait été le silence, la fin brusque de la pluie. Il avait rouvert les yeux. C'était comme une lumière neuve sur le monde. Une lumière neuve et le silence sur les arbres lavés, d'un vert inexprimable, les perles sur les feuilles, la beauté d'un morceau de ciel tout à fait bleu.

Po Ya s'exaltait pour la troisième fois. Po Ya prétendait qu'il n'y avait qu'un son qui pût peindre cette plaine ruisselante et neuve, ces couleurs jamais vues. Po Ya suggéra que ce son serait très proche du silence.

— C'est faux ! répliqua sèchement Tch'eng Lien.

*

Ils se regardèrent. Ils se turent un moment. Puis, comme Po Ya avait exposé les raisons qui l'avaient poussé à jouer de la musique, Tch'eng Lien se pinça le nez et dit :

— Vous êtes loin encore de la musique. Le jeune lecteur et son buffle ne vous ont pas rapproché de la musique. La musique n'est pas cachée dans les saules. La musique n'est pas le silence. Le son de la musique est un son qui ne rompt pas le silence.

Tch'eng Lien toucha l'annulaire et dit :

— De même, la goutte d'huile et les larmes devant la mort de l'épouse principale de votre père ne vous ont pas rapproché de la musique. La musique, ce n'est pas la mort et si elle n'est pas la vie, elle est toute proche de la vie, elle est, dans la vie, toute proche de ce qu'il y a de naissant dans la vie. C'est le premier cri qui est le premier son, et en ce sens la musique n'est pas ce qui suit la vie mais ce qui la précède. La musique a précédé l'invention des monosyllabes !

Tch'eng Lien montra le médius et dit :

— Enfin la fin de l'orage ne vous rapproche pas de la musique. Votre oreille est peureuse. La musique n'est pas la fin de l'orage, elle est l'orage.

Po Ya ne répondit rien à son maître. Tch'eng Lien se tut quelques instants et reprit :

— Pendant que vous parliez, j'écoutais le son de votre voix. Que disent les mots sinon la prétention et le vide ? Que dit l'intonation sinon l'intention et le fond du cœur ? Pendant que vous exposiez les raisons qui vous avaient poussé à faire de la musique, le son de votre voix s'est éloigné de la musique. Votre voix peu à peu s'est raffermie. Elle a quitté le chevrotement et la larme et la musique. Qu'avez-vous fait de vos instruments ?

Po Ya répondit qu'il en avait ramassé les débris, qu'il les avait entassés dans un carreau de soie et qu'il leur avait sacrifié la part de bœuf, la part de mouton et la part de porc rituelles. Il ajouta que chaque jour il se recueillait devant le cercueil de ses instruments. Le visage de Tch'eng Lien était devenu cramoisi et il s'en prit violemment à son élève :

— Qu'avez-vous à faire de prier devant le cercueil de vos instruments ? Les instruments sont déjà des cercueils ! Tenez, demandez à l'intendant Fu une ligature de sapèques et allez trouver de ma part le réparateur de musique. Demandez-lui une guitare à trois cordes cassée et tant bien que mal réparée. Demandez-lui un luth éventré et tant bien que mal rafistolé. Prenez les plus simples des instruments de musique et exercez-vous de nouveau à la musique. Souvenez-vous du temps où votre voix était cassée. Souvenez-vous de votre voix quand elle s'est brisée au souvenir de vos instruments brisés. Votre luth du temps de la naissance des proverbes est comme une coque de noix. Il faut la briser pour manger le fruit. Souvenez-vous que dans la musique le son n'est pas le fruit.

*

Le jour même Po Ya vendit son habit de rite, alla trouver l'intendant Fu et mit en gages deux carreaux de soie qui lui venaient de son père. Puis, il se rendit chez le réparateur d'instruments de musique. C'était un très vieil homme. Son oreille était dure. Sa robe de soie était déchirée. Il portait aux pieds des chaussures rouges. Po Ya lui demanda de lui montrer des instruments de musique. Po Ya vit des instruments sublimes, entendit des sons étranges. Dans un coin de la pièce où travaillait le réparateur, sous le coffre, il y avait des espèces de cadavres d'instruments sur lesquels les enfants s'exercent. Po Ya demanda au réparateur de les lui montrer. Po Ya joua sur ces vieux instruments mal renfloués.

— Ce sont des vieux cris rapetassés ! dit Po Ya en riant.

Le réparateur d'instruments le regarda avec étonnement et ses yeux s'écarquillèrent et se couvrirent d'humidité.

— Que sommes-nous d'autre ? dit-il.

Po Ya eut honte. Il prit le luth et la guitare à trois cordes qui lui semblaient le plus abîmés. Il eut de l'argent de reste qu'il reversa à l'intendant Fu. Il travailla comme il put sur des cordes sans son et ses doigts venaient sans cesse trébucher sur une touche en bois mal poli.

*

Tch'eng Lien ne convoqua pas Po Ya durant huit mois. C'était le printemps. Po Ya s'était mis à l'écart pour jouer, au bout du champ, sur le talus, vers l'entrée du village. Il y avait alors des pêchers en fleur. Les fleurs étaient d'un rose inexprimable. Po Ya était chaussé de sandales de chanvre. Comme Tch'eng Lien passait par là, il l'entendit. Il s'approcha, lui fit signe de continuer à jouer, s'assit auprès de lui.

— Le son est affreux ! Jetez cet instrument, dit-il au bout d'un moment à Po Ya.

Po Ya frissonna. Ses joues blanchirent brusquement. Tch'eng Lien reprit :

— La musique ne réside pas dans les plus beaux des instruments. Elle ne réside pas davantage dans les pires. Les instruments de musique les plus appropriés à la musique sont ceux qui touchent sans doute, mais dont on peut perdre l'usage, comme les corps qui enveloppent les hommes.

Tch'eng Lien dit aussi :

— Il y a quelque chose de doux et de triste dans la musique que vous avez improvisée, mais ce n'est pas encore la musique. Abandonnez ces instruments ! Sortez de ce jardin !

Cherchez la musique ! Venez avec moi !

*

Tch'eng Lien entraîna Po Ya jusqu'au bourg. Po Ya regardait son maître avec beaucoup de respect mais son apparence le décontenança. Tout à coup Tch'eng Lien s'irritait et le faisait taire : il écoutait le vent dans les branches et il pleurait.

Ils eurent faim. Tch'eng Lien entraîna son disciple dans un estaminet : il s'immobilisait tout à coup, écoutait le bruit des baguettes de bois se saisissant des fragments de viande grillée ou de la crevette sèche et il pleurait.

Dans une ruelle proche, il l'entraîna dans une maison de plaisir. Po Ya avait porté l'ongle par mégarde sur la cheville d'une prostituée alors qu'il levait ses jambes et la pénétrait, et lui avait écorché la peau. Cette goutte de sang, le petit cri de la prostituée, l'oreiller de bois qui était tombé par terre : Tch'eng Lien pleurait.

Il l'entraîna dans une réunion de lettrés au-delà du pont du Corbeau. Ils burent beaucoup. Tch'eng Lien les faisait taire : il écoutait le son du pinceau sur la soie et il pleurait.

Il l'entraîna en direction d'un ermitage qui était situé hors du bourg. En route, Tch'eng Lien saisit le bras de Po Ya. Ils s'immobilisèrent : un enfant, le ventre nu, urinait sur un remblai de briques rouges. Tch'eng Lien s'effondra en sanglots.

Comme ils arrivaient au temple, un moine balayait la cour extérieure du temple : ils s'assirent et écoutèrent pendant cinq heures le bruit du balai qui ôtait la poussière. Tous deux pleurèrent. Puis Tch'eng Lien se pencha vers Po Ya et lui souffla à l'oreille :

— Il est temps pour vous de rentrer. Achetez un instrument qui vous touche chez le luthier impérial. Demandez quatre taëls d'argent à l'intendant Fu. Dites à Fu que je rentrerai demain. J'ai trop fait de musique aujourd'hui. Je vais me laver les oreilles dans le silence. J'entre dans le temple.

*

Po Ya, une fois de retour, après de longues tractations, parvint à obtenir de l'intendant Fu trois taëls d'argent. Il alla chez le luthier impérial. Il fouilla longtemps dans les armoires de la boutique, faisant sonner les cordes à vide. Il ne trouva pas d'instruments qui lui plussent. Mécontent, il sortit dans la rue. En remontant la ruelle pour retourner chez Tch'eng Lien, Po Ya rencontra un très vieil homme qui descendait en s'aidant d'un bâton peint en rouge. Il portait un chapeau de feutre, une robe de soie grise et déchirée et des chaussures rouges. Il tenait sous l'autre bras un petit violon. Po Ya le reconnut, s'approcha et le salua à mains jointes.

— Comment allez-vous, mon oncle ?

— Parlez plus fort, monsieur, je suis dur d'oreille.

Po Ya dit avec force et lentement :

— Comment allez-vous, mon oncle ?

— J'ai perdu tout souvenir de vous, lui répondit le vieil homme. J'ai tellement vécu !

— Je me nomme Po Ya, mon oncle. J'ai acheté dans votre boutique, il y a trois saisons, un luth et une guitare à trois cordes. Du genre de ceux sur lesquels les enfants ignorants s'exercent ! Puis-je vous importuner en vous demandant d'entrer dans une maison de thé avec moi ?

Ils firent ainsi. Ils s'attablèrent devant un pot de thé où flottaient les membres arrachés de trois ou quatre fleurs. L'odeur était merveilleuse.

— Puis-je vous demander votre honorable nom, mon oncle ? demanda lentement Po Ya.

— Mon humble nom est Fong Ying, répondit le réparateur d'instruments.

— Où habitez-vous ? demanda Po Ya.

— A deux pas de mon atelier ! Tout près d'ici ! Au Cercueil du Vent ! dit Fong Ying.

— Mon oncle, vous qui réparez les instruments de musique, vous avez tort de vous plaindre. Vous devez connaître le bonheur ! Vous êtes le gardien devant l'autel. Vous assurez la beauté, l'entretien, le silence et la possibilité de la musique. Vous n'avez pas à être la musique ! s'exclama Po Ya en soupirant.

— Ce que vous dites est idiot, dit Fong Ying. Je ne connais pas le bonheur. Je répare des instruments et je meurs de faim. Je suis très âgé. Voilà bientôt onze mille ans que je subis la vie. Voilà bientôt onze mille ans que je répare en vain l'irréparable ! Voilà bientôt onze mille ans que je ne vis pas tout à fait. Voilà bientôt onze mille ans que je ne meurs pas véritablement ! Monsieur, comme vous me voyez, j'ai été un lion, j'ai été le pavillon de l'oreille d'une veuve, j'ai été un nuage rose dans l'aurore ! J'ai été un pain aux raisins. J'ai été une brème. J'ai été une petite framboise un peu velue dans les doigts humides d'un enfant !

— Mon oncle, reprit Po Ya, vous qui réparez les instruments de musique, conservez-vous dans le fond de votre boutique des guitares à trois cordes et des luths ?

— Oui, monsieur, répondit le très vieil homme. J'en conserve cinq ou six que vous n'avez sans doute pas vus la dernière fois que vous êtes venu. Mais je suis trop âgé pour les porter jusqu'à votre demeure. Mes doigts tremblent !

— Quand pourrai-je vous importuner en me rendant dans votre honorable boutique ? lui demanda Po Ya.

— Allons-y dare-dare, dit le vieil homme. Puis-je monter sur vos épaules ? Je suis si las !

Po Ya répondit oui et prit Fong Ying sur ses épaules.

— Je suis très vieux, radotait Fong Ying. Voilà que j'ai oublié comment je m'appelle !

— Votre honorable nom est Fong

Ying, criait Po Ya. Vous habitez au Cercueil du Vent.

— Hélas, cria le vieil homme, le Cercueil du Vent, ce n'est pas le cercueil de la vie ! Je n'ai pas fini de connaître la vie ! Je vais encore être oiseau et moule noire sur la grève et pissenlit ! Je ne suis pas déchargé du poids des formes. J'aspire tellement au vide ! Voulez-vous connaître le pire de ma souffrance ?

— Oui, cria Po Ya, je veux connaître le pire de votre souffrance !

— Le pire de ma souffrance, c'est que je sais que je redeviendrai un homme ! dit Fong Ying. Les astres et le poids de tout ce que j'ai vécu l'ont ainsi fixé. Redevenir un homme, assurément, c'est pire que de redevenir cheval de poste ! Encore des siècles à subir ! Encore de la lumière à voir ! Encore des sons pour vous blesser ! Encore des yeux pour pleurer !

Po Ya trouvait le vieux Fong Ying étonnamment léger à porter sur ses épaules. Il lui demanda :

— Mon oncle, est-ce que l'astrologue vous a dit dans quel lieu vous devez revivre en l'état d'homme ? Dans quelle fonction ? Dans quel siècle ?

Fong Ying lui tapota la tête avec les phalanges blanches et sèches de la main.

— Le lieu, ce sera Crémone. C'est une bourgade près du Pô. Le siècle, ce sera le XVIIe siècle de l'ère des Latins. La fonction, ce sera encore l'état de luthier.

— Quelle sera votre apparence ? demanda Po Ya.

— J'aurai un tablier de peau, répondit le vieux Fong Ying en pleurant.

Sa main tremblait. Il ôta son chapeau de feutre et il dit :

— Je porterai un bonnet de laine blanche en hiver pour emprunter les petits ponts qui traversent la Cremonetta.

— Mon oncle, connaissez-vous votre nom ? cria Po Ya.

— Mon neveu, dit le vieillard en remuant ses pieds rouges, j'ai onze mille ans. Je m'appelle Tonio Stradivarius. Je n'en peux plus. Je suis le père d'Omobono et de Catarina. Mon maître s'appelait Amati. Mon ami s'appelait Guarnerius...

En disant ces mots, les larmes coulaient sur son visage.

— Il me semble, reprit-il, que je me souviens de la place Saint-Dominique, en face de la porte Majeure. Je touche la lumière d'or. Je vois le Torazzo. Quelque chose dans l'air sent l'olive et la colle de poisson !

Et le réparateur d'instruments de musique remit son chapeau de feutre et il prit sa tête dans ses mains. Il geignit. Il renifla. La morve tombait sur le visage de Po Ya.

*

Ils arrivèrent chez Fong Ying. Po Ya déposa le vieil homme, essaya longuement les guitares et les luths. Le deuxième luth qu'il essaya rendait des sons extraordinairement distincts, comme des gouttes de pluie. La quatrième guitare qu'il essaya était assurément un instrument très faible, mais d'une tristesse et d'une délicatesse infinies. Une des cordes était très aiguë et avare de résonance. Une autre d'une douceur qui n'était certes pas humaine. La dernière enfin, si sourde, si basse, mais ample et pourtant pudique comme si elle ramenait sans cesse ses manteaux et ses jupes devant la beauté nue de son corps.

*

Tch'eng Lien mangeait des graines de pastèque tout en se promenant près du lac du Cri de la Poule. Ce lac produisait chaque année plusieurs dizaines de milliers de boisseaux de châtaignes d'eau. Les bateaux de pêche allaient de rive à rive. C'est là que Po Ya vint montrer à son maître, quatre mois plus tard, les instruments de musique qu'il avait choisis chez Fong Ying. Ils s'assirent dans un jardinet de bambous, devant un bateau bleu amarré. Po Ya joua devant son maître une petite pièce de musique.

— L'instrument est beau, dit Tch'eng Lien.

Po Ya blêmit.

— ... les doigts, l'oreille, le corps, l'esprit, tout est juste, dit encore Tch'eng Lien.

Po Ya blêmit au point de devenir bleu comme le bateau de pêche amarré devant eux, derrière la haie de bambous.

— Ne reste plus qu'à trouver la musique ! conclut Tch'eng Lien.

Po Ya sentit la détresse à l'état pur lui envahir le crâne. Il sentit son cœur qui se serrait de douleur derrière sa poitrine. Tch'eng Lien le fit se lever.

— Je ne puis plus rien vous apprendre, dit-il. Vos sentiments ne sont pas assez concentrés. Vous ne disposez pas de ce qui vous émeut comme la vague du lac le fait de la barque bleue du pêcheur. Moi, Tch'eng Lien, je ne puis plus vous enseigner. Mon maître s'appelle Fang Tseu-tch'ouen et il habite dans la mer de l'Est. Lui, il sait faire naître l'émotion dans l'oreille humaine !

*

Ils attendirent novembre. Alors Po Ya et Tch'eng Lien se rendirent vers la mer de l'Est. Ils marchèrent durant douze semaines. Quant ils arrivèrent au pied de la montagne P'ong-lai, Tch'eng Lien dit à Po Ya :

— Vous, restez ici ! Moi, je vais chercher mon maître.

Cela dit, il partit en poussant une barque à la perche. Dix jours après, il n'était pas encore de retour. Po Ya regardait autour de lui dans la faim, dans la solitude, dans la peur. Il n'y avait personne. Il entendait seulement le bruit de l'eau de la mer sur le sable et le cri triste des oiseaux. Alors, il se sentit beaucoup plus faible et il poussa un soupir et il dit : « Voilà la leçon du maître de mon maître ! » Il commença alors à jouer de la guitare en chantant et il pleurait doucement. Puis il pleura au fond de son cœur et seuls les sons étaient les larmes. Comme son chant mourait sur ses lèvres, Tch'eng Lien doucement, sur l'eau, s'en revenait. Po Ya monta sur la barque que Tch'eng Lien poussait à la perche. Po Ya devint le plus grand musicien du monde.

Table des matières

L'auteur

Pascal Quignard est né le 23 avril 1948 à Verneuil-sur-Avre, dans l'Eure. Il appartient au comité de lecture des éditions Gallimard.

Principaux romans :

Carus, Gallimard.
Les Tablettes de buis d'Apronenia Avitia, Gallimard.
Le Salon du Wurtemberg, Gallimard.

Principaux essais :

Petits traités, tomes I à III, Clivages.
Une gêne technique à l'égard des fragments, Fata Morgana.

TEXTES
DU XXe SIÈCLE

Marc Augé, *Un ethnologue dans le métro.*

Marcel Bénabou, *Pourquoi je n'ai écrit aucun de mes livres.*

Ernst Cassirer, *Le problème Jean-Jacques Rousseau,* traduit de l'allemand par Marc B. de Launay ; préface de Jean Starobinski.

Georges Charachidzé, *La mémoire indo-européenne du Caucase.*

Florence Delay, *Petites formes en prose après Edison.*

Marcel Detienne, *Dionysos à ciel ouvert.*

Julia Kristeva, *Au commencement était l'amour. Psychanalyse et foi.*

J. Laplanche et J.-B. Pontalis, *Fantasme originaire. Fantasmes des origines. Origines du fantasme.*

Jacques Le Goff, *La bourse et la vie. Économie et religion au Moyen Age.*

Nicole Loraux, *Façons tragiques de tuer une femme.*

Patrice Loraux, *Les sous-main de Marx. Introduction à la critique de la publication politique.*

Georges Perec, *Penser/Classer.*

Georges Perec, *Je me souviens.*

Jean-Michel Rey, *Colère de Péguy.*

Tzvetan Todorov, *Frêle bonheur. Essai sur Rousseau.*

Jean-Pierre Vernant, *La mort dans les yeux. Figures de l'Autre en Grèce ancienne. Artémis, Gorgô.*

Aubin Imprimeur
LIGUGÉ, POITIERS

Achevé d'imprimer en août 1987
N° d'édition 87086/6462 / N° d'impression L 24503

Dépôt légal, n° 5427 en septembre 1987
Imprimé en France